ALGO PASÓ... ¿QUÉ HAGO?

TÉCNICAS DE PRIMEROS AUXILIOS PARA CAMPAMENTOS

MAURICIO TIPÁN M.

BIENVENIDOS

CRÉDITOS

Autor:

GMMA Mauricio Tipán M.

Redacción: Janneth Terán G.

Versión Español

Santo Domingo de los Tsáchilas - Ecuador

Es responsabilidad absoluta de la obra el Autor

SELLO: Independently Published

AGRADECIMIENTO

Por sobre todas las cosas siento una profunda gratitud a Dios por darme la oportunidad de capacitar a muchos líderes en varias áreas de campamentismo, una vida maravillosa llena de aventuras.

A mi amada esposa Janneth, que sin su apoyo no hubiese podido alcanzar todos estos logros y experiencias. A mis hijos: Erika, Esteban y Evelin; a mis nietos: Mateo, Gabriel e Isabela; a mi madre, por sus oraciones.

¡Dios los bendiga!

Contenido

PRÓLOGO

Esta guía ha sido preparada para personan que les guste la aventura, la vida campestre y/o que dirijan grupos de niños y/o jóvenes, para que estén preparados ante cualquier situación de emergencia.

Nadie está libre de cualquier accidente, por esta razón es muy importante saber cómo actuar ante tales circunstancias.

Aquí vas a aprender cómo evitar que cualquier situación se agrave, aplicando correctamente las técnicas aquí sugeridas, tanto en los hogares como en un campamento, donde los riesgos son más evidentes.

Aprenderás cómo tratar una herida sencilla producida por una magulladura, heridas cortopunsantes, abrasivas, hasta una hemorragia por desmembración de un miembro del cuerpo. Adicionalmente conocerás sobre quemaduras por fuego, electricidad, químicos, etc.

Es muy importante que estemos preparados para prestar los Primeros Auxilios; saber cómo hacerlo hace la diferencia entre la vida y la muerte.

El autor, Guía Mayor Máster Avanzado Mauricio Tipán, nos da estas sugerencias basado en su experiencia de 35 años de liderazgo en la conducción de jóvenes y en la dirección de campamentos.

En cada página queremos orientarte a que actúes con seguridad, a enfrentar la situación con calma y puedas brindar a tu acampante total confianza y tranquilidad para mejorar su situación por más difícil que parezca.

CAPÍTULO 1

PRIMEROS AUXILIOS BÁSICO

Concepto: Es la ayuda inmediata que damos a una o varias víctimas en caso de un accidentes, de una manera útil, prestar ayuda de una forma ordenada llevando a la práctica las técnicas aprendidas de manera precisa, sin efectuar maniobras que pueden empeorar al accidentado, y que ha sido afectado por la crisis de una emergencia o enfermedad, mientras se obtiene asistencia médica calificada.

Lo que no debemos hacer:

Moverlo bruscamente, podemos causar una lesión mas grabe y permanente.

No darle líquidos incluso si esta inconsciente porque se podría producir una asfixia grave.

No moverlo sin antes inmovilizar la cabeza, luego podemos llevarlo a un lugar más seguro para atenderlo.

No permitir que curiosos se aglomeren en forma innecesaria en el lugar del accidente.

No permitir que las sugerencias de los curiosos afecten la aplicación de técnicas de Primeros Auxilios conocidas.

Lo que debo hacer:

Identificarse con los curiosos como socorrista y organizar a las personas para evitar su aglomeración. Solicitar a personas que direccionen el tráfico o colaboren con la logística.

Mantener la calma y mirar con frialdad la condición del paciente para proceder a atenderlo. Mirar lo que es más grabe para atenderlo en primer lugar.

Realizar un triaje. Si son dos o más víctimas, tomar en cuenta que no es la que mas grita sino la que está más grabe.

Hablar con serenidad con la victima y darle confianza y tranquilidad mientras se lo atiende. Esto ayudará a que la victima se tranquilice y colabore con su atención.

Administrar con cuidado la técnicas recomendadas.

Estar junto a la victima mientras llega el servicio médico o se se lo traslada al centro médico más cercano.

PRINCIPIOS DE ACCIÓN DE EMERGENCIA

1.- Llamar al 911

2.- Reconocimiento del lugar

3.- Reconocimiento primario de la victima

4.- Reconocimiento secundario

1.- Llamar al 911 al servicio de emergencia. Es muy importante que informes claramente:

Nombre de quien llama

Número telefónico
Dirección del accidente
Lugar de referencia
Tipo de accidente: (choque, volcamiento, atropellado, etc.)
 Número de víctimas

2.- Reconocimiento del lugar

Determina si el lugar es seguro y qué problemas adicionales pueden presentarse en el sector a causa del accidente (atropellados, incendio, emergencias médicas, etc.) Esto ayuda a determinar las posibles lesiones de la o las víctimas.

3.- Reconocimiento primario

Luego de llamar al 911 comprueba el estado de conciencia de la víctima, si no está consciente realiza el siguiente procedimiento:

A- abrir vías aéreas
B- buscar respiración
C- controlar circulación

"A"
Abrir vías aéreas: Busca objetos extraños que se encuentren bloqueando la vía aérea (comida o placas dentales removibles); realiza esto utilizando la maniobra cabeza atrás elevando el mentón.

"B"
Busca la circulación: colócate cerca de la cara de la víctima mirando el movimiento del tórax y escuchando la salida del aire.

"C"
Controla la circulación: toma el pulso carotídeo (cuello) y controla las hemorragias evidentes.

4.- Reconocimiento secundario

Se refiere del examen general de la víctima tratando de no causar mayores daños a la persona afectada. Deberás chequear a la víctima desde la cabeza hasta los pies mirando, escuchando, sintiendo. Siempre debes tomar en cuenta que lo mas ético es revisar varón a un varón, una mujer a una mujer, pero si no es el caso tú debes ser lo mas prudente y cuidadoso si en forma obligatoria debes revisar sus partes íntimas.

Cuando se quiera ayudar a una víctima de cualquier accidente es preferible que no la toques si no sabes qué hacer y permanezcas hasta que el personal calificado llegue al escenario de la emergencia.

PRIORIDADES DE ATENCIÓN

Determina el orden de atención de las víctimas de acuerdo a la gravedad de la lesión:

Primera: obstrucciones de la vía aérea, grandes hemorragias y problemas cardíacos que pueden causar la muerte de la victima.

Segunda: estados de shock.

Tercera: lesiones graves, trauma cráneo encefálico, lesiones de columna, graves quemaduras, etc.

Cuarta: lesiones menores, fracturas cerradas, quemaduras leves, heridas superficiales, etc.

A continuación quisiera mencionarte las signos y rangos establecidos por la OMS.

SIGNOS VITALES

DEFINICIÓN:
Son señales o manifestaciones que podemos ver, oír y sentir.

PULSO
RESPIRACIÓN
TEMPERATURA
PRESIÓN ARTERIAL

PULSO

Se define como la sensación de expansión de una arteria que se siente al presionarla ligeramente con los pulpejos o yemas de los dedos contra una superficie ósea; dentro del pulso debemos evaluar la frecuencia, ritmo, amplitud y tensión.
Frecuencia normal:

Adultos: 60-100 pulsaciones por minuto
Escolares: 100-120 pulsaciones por minuto

Preescolares: 120-140 pulsaciones por minuto
Lactantes: 140-160 pulsaciones por minuto

Sitios para tomar el pulso:

- En el cuello   (pulso carotÍdeo)
- En los brazos   (pulso humeral)
- En las muñecas   (pulso radial)
- En las líneas inguinales   (pulso femoral)

Recuerda: El pulso puede variar con el ejercicio físico, edad, etc.

RESPIRACIÓN

Es el intercambio gaseoso entre el ambiente y nuestro organismo, reflejado por la frecuencia de inspiración y espiración en forma secuencial.

Frecuencia valores normales:
Adulto   12-20 respiraciones por minuto
Niño   20-25 respiraciones por minuto
Lactante 30-40 respiraciones por minuto

TEMPERATURA

Es el grado de calor del cuerpo humano.

Valores normales

36.5 grados centígrados
37.5 grados centígrados

TENSIÓN ARTERIAL

Es la fuerza ejercida por la sangre contra cualquier área de la pared vascular.

Valores normales

90-110 Tensión sistólica normal
 60-90 Tensión diastólica normal
          110/70 mmHg
          120/80 mmHg

CAPÍTULO 2

SHOCK

Es el estado depresivo de las funciones vitales debido a una disminución de la irrigación sanguínea de los tejidos, o de líquidos. El shock puede ser causado por cualquier tipo de lesión, fractura, hemorragia, o alteración que afecte al organismo, por ejemplo: quemaduras, heridas, deshidratación, traumatismos, dolor intenso, etc.

En otra palabras, es el estado que podemos ver a una victima que ha sufrido un accidente grave. Su piel está pálida y con sudor frío, muy débil, sus pulsaciones son acelerados y débiles y tiene mala circulación.

Signos y Síntomas

1.- Pulso acelerado y débil.

2.- Respiración superficial.

3.- Piel pálida, fría y sudorosa.

4.- Temperatura progresivamente disminuyendo.

5.- Amoratamiento (CIANOCIS).

6.- Alteración de la conciencia.

7.- Aumento de la frecuencia cardíaca.

Clasificación general :

1.- Hipovolemia: Es la disminución del volumen de sangre que puede ser causada por una grave hemorragia.

2.-Distributivo: Retención de líquidos en la circulación periférica.

3.- Cardiogénico: Falla del funcionamiento cardíaco.

Qué hacer:
Lograr la tranquilidad de la victima recostándolo con mucho cuidado sobre una superficie plana y limpia.

Inmovilizarla totalmente.

Calentarla con una manta sobre el cuerpo, atenderla rápidamente en caso de fracturas expuestas y hemorragias.

Tener cuidado de NO darle agua a beber. Llevarla con mucho cuidado a un centro de salud y centro medico.

Tratamiento inicial del shock (T.I.S): (manual de primeros auxilios básicos).

1.- Si es posible elimina la causa del shock.
2.- Coloca a la víctima recostada boca arriba.
3.- Mantén la vía aérea permeable, Técnica CAMA, si no hay trauma o lesión de columna.
4.- Afloja ligaduras.
5.- Eleva los miembros 20 a 30 cm del suelo.
6.- Cubre al paciente con una frazada.
7.- Verifica signos vitales, aplique ABC.

CAPÍTULO 3

HERIDAS

Es la pérdida de la continuidad del tejido. Las heridas son el resultado de una rotura de la superficie de la piel, causada muchas veces por un objeto cortante. Las lesiones tisulares se reparan mediante el recambio del tejido lesionado.

Tratamiento:

1.- Detener la hemorragia.
2.- Evitar infección.
3.- Evitar el shock.

HERIDAS Y CURACIONES

Evitar la infección:

ASEPSIA: Realiza el lavado y limpieza de la herida con agua y jabón (sablón de preferencia),

ANTISEPSIA: desinfecta la parte externa con yodo, alcohol o cualquier desinfectante apropiado para la piel. Recuerda que se debe utilizar siempre paños o gasas limpias y esterilizadas.

Clasificación:

Abrasivas
Incisivas o cortantes
Lacerantes o desgarro
Punzantes o penetrantes
Avulsivas
Amputativas

INCISIVAS O CORTANTES: son heridas producidas por objetos filos y cortantes que presentan bordes regulares, hemorragia de acuerdo a la profundidad, extensión y localización, existe mucho dolor.

¿Qué hacer?

Detener la hemorragia.
Asepsia y antisepsia de la herida.
Unir bordes de la herida si no es muy grande con mariposas de aproximación.

LACERANTES O DESGARROS: Se producen por objetos irregulares o dentados que presentan bordes no regulares, hemorragias de acuerdo a profundidad, extensión y localización.

¿Qué hacer?

Detener la hemorragia.
Asepsia y antisepsia de la herida.
Cubrir con vendaje.
Transporte a un centro médico de inmediato.

PUNZANTES O PENETRANTES: Son heridas producidas por objetos con punta que pueden ser cuchillos, navajas, clavos, vidrios, etc., que generalmente afectan a tejidos y órganos internos que presentan un orificio de entrada y salida, se presenta hemorragia y mucho dolor.

¿Qué hacer?

- Detener la hemorragia
Si el objeto se encuentra enclavado, no remover el objeto, inmovilizarlo con un vendaje en forma de dona.
- Si no hay objeto, cubrir con apósito oclusivo de una vía.
- Transporte al centro médico más cercano de inmediato.

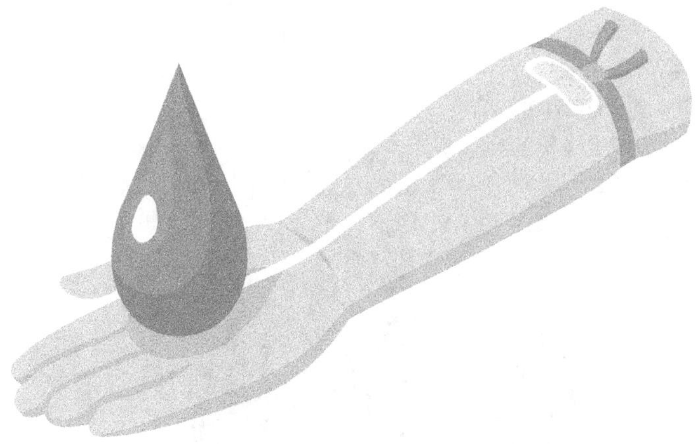

Avulsivas: Son heridas que separan y rasgan el tejido del cuerpo del paciente. Una herida cortante o lacerada puede convertirse en avulsiva. Se caracteriza por el sangrado abundante. Como ejemplo, se puede citar la mordedura de perro. Presenta herida, hemorragia y dolor.

¿Qué hacer?
- Usa jabón para limpiar alrededor de la herida tratando de que no le entre jabón a la misma.
- No uses alcohol o peróxido de hidrógeno (agua oxigenada) para limpiar su herida a menos que así se lo hayan indicado.
- Seca el área con palmaditas suaves y coloca una venda.
- Detener la hemorragia.
- Colocar la parte afectada en posición correcta e inmovilizar.
- Cubrir con vendaje.
- Transporte a un centro médico.

Amputativa: Es una herida por un corte o separación total de un miembro. Presenta herida y hemorragia abundante en la extremidad separada del miembro.

¿Qué hacer?
- Detener la hemorragia.
- Cubrir la herida con un vendaje.
- Recoger el miembro amputado y llevarlo en un ambiente frío.
- Transporte al centro médico más cercano.

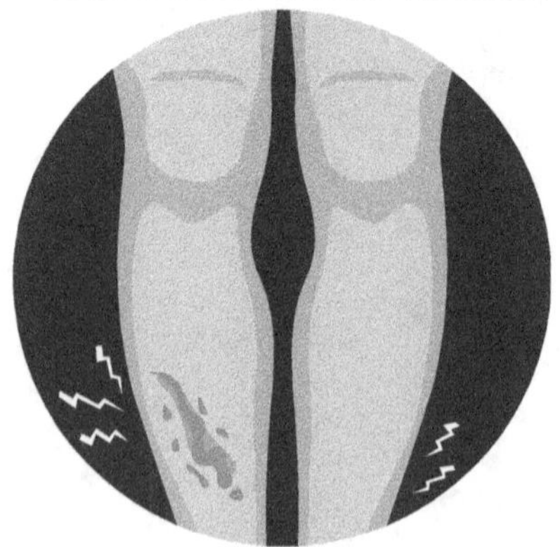

CAPÍTULO 4

QUEMADURAS

Son lesiones producidas por exposición al calor, químicos, a la radiación o el frío intenso. Las quemaduras involucran los daños en el tejido producidos por el calor, la sobre exposición al sol o a otra radiación, el contacto con productos químicos o la electricidad. Las quemaduras pueden ser problemas médicos menores o constituir emergencias potencialmente fatales.

Se clasifican en:

Por su profundidad
Por su extensión
Por su localización

Cuidado en las quemaduras de primer grado

Lo más adecuado sería que en la zona quemada pueda retirar la ropa que lleve puesta , en caso de que sea necesario, retirar

anillos u otros objetos siempre que la piel no se haya roto, dejar correr el agua fría durante unos minutos.

También se pueden utilizar compresas frías o cualquier sistema que enfríe el área. No se debe poner hielo.

Para evitar cualquier tipo de infección, no se debe aplicar ninguna pomada ni grasa.

Cubrir la quemadura con una venda estéril o una tela, siempre limpia, y sin presionar la zona. Si la quemadura ha afectado a los dedos de las manos o de los pies, deberemos separar cada uno antes de poner la venda.

Para disminuir el dolor, se puede administrar Acetaminofén o Ibuprofeno.

Si en 48 horas notamos un aumento de dolor, infección o fiebre, acudiremos a un centro hospitalario.

Cuidados en las quemaduras de segundo y tercer grado

Si una persona se ha prendido fuego, lo primero que tiene que hacer es tumbarse y dar vueltas para apagar las llamas, colocar sobre el herido un abrigo o una manta o cualquier cosa que apague el fuego, después quitarle la ropa u objetos que tenga, menos lo que esté pegado o la que le cueste trabajo sacar antes de que se hinche por la herida. Solicita inmediatamente ayuda médica.

Si es una quemadura por electricidad, se deberá lavar la quemadura con mucha agua, que no esté fría, durante 5 minutos aproximadamente. Si la quemadura es grande, se puede utilizar la bañera o una manguera de jardín, etc. No se le debe quitar la ropa en un primer momento, esto se lo hará mientras se lava la quemadura.

Si la quemadura es pequeña, lavarla durante otros 20 minutos y colocar una gasa o una venda estéril.

Solicita inmediatamente ayuda médica.

Si en una quemadura por sustancias químicas en la boca o en

los ojos, se necesita un lavado completamente con agua y acto seguido una evaluación inmediata del médico.

Mientras la asistencia médica llega, debe mantener a la víctima acostada con la quemadura elevada, y no reventar ninguna ampolla.

Si la víctima se encuentra en estado de shock, elevaremos los pies a unos 30 cm. y los cubriremos, pero si tiene o sospechamos que tiene alguna lesión en el cuello, cabeza, espalda, piernas o simplemente la víctima está incómoda, no la colocaremos en esta posición; es preferible evitar esta maniobra.

Procuraremos no respirar o toser sobre la quemadura, y tampoco soplar ni tocar las ampollas o la piel muerta.

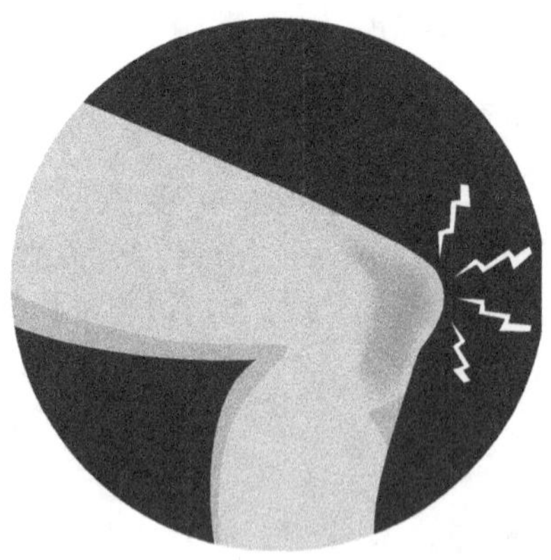

CAPÍTULO 5

HEMORRAGIAS

Es la pérdida del volumen sanguíneo del sistema vascular. Una hemorragia es la salida de sangre desde el aparato circulatorio, provocada por la ruptura de vasos sanguíneos como venas, arterias o capilares. Puede consistir en un simple sangrado de poca cantidad como el caso de una pequeña herida en la piel o de una gran pérdida de sangre que amenace la vida.

Clasificación:

ARTERIALES: Color rojo rutilante, salida de sangre en forma de surtidor.

Venosas: Color rojo oscuro, salida de sangre en forma continua.

Externas: Aquellas en el que el sangrado es evidente.

Internas: Aquellas cuyo sangrado no se observa a simple vista pero se puede determinar a través de signos indirectos.

Hemorragia capilar. Ésta se produce por una cortadura de los vasos capilares, normalmente aparece en forma de sábana, el color de la sangre es menos roja de la hemorragia arterial y menos oscura que la venosa.

MÉTODOS PARA DETENER HEMORRAGIAS

1.- Debe presionar directamente sobre la herida: ésto se realizará con la mano, apósito, apósito sobre apósito y vendaje compresivo.

2.- Eleve la extremidad afectada para bajar la presión de circulación.

3.- Presione el vaso abastecedor mas cercano.

HEMORRAGIAS INTERNAS

Las heridas internas se presentan generalmente en las cavidades:

1.- Cráneo: Producidas por golpes en la cabeza.

Signos y Síntomas:

- Dolor de cabeza y cuello.
- Pérdida del conocimiento antes o después del accidente.
- Sangrado por el oído o liquido cefalorraquídeo .
- Pupilas desiguales.
- Vómito en proyectil.

¿Qué hacer?

- Colocar a la víctima en posición recostada boca arriba sobre una superficie dura.

- Realizar el ABC a la víctima.

- Se deberá tratar a la víctima con la maniobra mandíbula extendida.

- Si existe sangrado o salida de líquido céfaloraquídeo cubrir levemente. NO obstruir su salida.

- Colocar collarín cervical

- Si existe vómito colocar en posición lateral de seguridad.

- Transporte sobre una superficie dura.

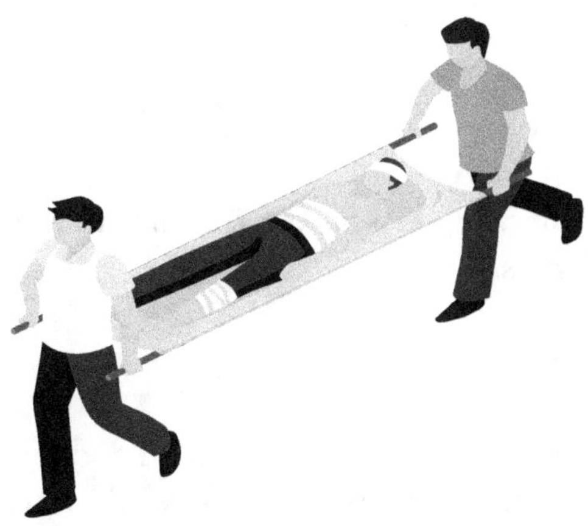

2.- Tórax: Producidas por traumatismos de presión o heridas penetrantes.

Signos y Síntomas:

- Dolor toráxico

- Dificultad para respirar

- Cianosis general o toráxica: Coloración azulada de la piel o de la membrana mucosa que generalmente se debe a la falta de oxígeno en la sangre.

- Herida soplante: El dolor abdominal puede indicar la penetración en el abdomen a través del diafragma.

- Shock

¿Qué hacer?

- ABC de la víctima.

- Si no respira administrar respiración artificial directa.

- Llevar a un centro médico.

3.- Abdomen y Pelvis: Producidas por traumatismos de presión o heridas penetrantes.

Signos y síntomas:

Entre los síntomas podemos observar que su abdomen esta rígido o duro, producto del intenso dolor la victima tiende a colocarse en posición fetal sujetándose el abdomen con los brasas y manos.

También puede producirse en la victima deseos de vomitar y si esto sucede su vómito puede ser con sangre.

Producto de la perdida sanguínea puede entrar en Shock

¿Qué hacer?

- Primeramente debo realizar un ABC a la víctima.

- Atenderla y efectuar un Tratamiento inicial del shock.

- No debo cambiarla de su posición fetal.

- No dar líquidos a ingerir.

- Si vomita colocar en posición lateral de seguridad.

- Llevar al centro médico más cercano.

Las heridas pequeñas provocadas por raspones y cortaduras son pocas veces graves y pueden controlarse de manera sencilla; no obstante, un percance mayor genera sangrados más serios que deben controlarse oportunamente para evitar conmoción y pérdida de conciencia.

En estos casos debes recostar al acampante si es posible, con la cabeza ligeramente más abajo que el tronco o las pierna, esto con el fin de evitar un desmayo al permitir mayor flujo sanguíneo al cerebro.

Elevar la extremidad que sangra y limpiar la herida cuidadosamente.

Hacer presión directamente en los extremos de la herida con un vendaje estéril o un trapo limpio por espacio de 10 minutos para permitir la coagulación.

Llamar a un médico para que evalúe la situación, sobre todo si el sangrado no es controlado a pesar de recibir atención.

HEMORRAGIA NASAL

Una hemorragia nasal se presenta cuando las vías por la que circula la sangre (venas o vasos) se rompen completa o parcialmente.

Los sangrados por la nariz son muy comunes debido a que esta región cuenta con amplia red de vasos, y se encuentra en contacto con factores ambientales. Así, inhalar sustancias químicas tóxicas, la contaminación ambiental, infecciones ocasionadas por virus y bacterias, un golpe o limpiarla con brusquedad, así como "picarse" la nariz en el caso de los niños, son las principales causas de hemorragias.

En ocasiones, una mala alimentación determina este tipo de sangrado, pues la carencia de nutrientes impide el fortalecimiento de los vasos.

¿Qué hacer?

Mantén la calma y limpia su nariz con suavidad para expulsar moco y sangre. Aprieta la nariz con firmeza, donde se siente la terminación del hueso nasal, aproximadamente durante 10 minutos. Si esto no funciona, coloca un tapón de algodón dentro de la nariz, dejando fuera una parte de él para poder sacarlo

(no hacer la cabeza para atrás).

Si es posible, moja el algodón con agua oxigenada o glicerina.

Después vuelve a apretar firmemente la nariz por 10 minutos, sin echar la cabeza hacia atrás. Deja el algodón así hasta que compruebe que la hemorragia se ha detenido. Luego, retíralo con mucho cuidado.

En ocasiones, la hemorragia puede provenir de la parte trasera de la nariz (es muy común que así será en personas mayores).

En este caso, en vez de apretar la nariz para detener el sangrado, permite que la persona se siente con la cabeza doblada hacia delante, al mismo tiempo que sostiene entre lo dientes algún utensilio que le ayude a no tragar hasta que la sangre se coagule.

Si la hemorragia nasal se presenta con frecuencia, puede untarse un poco de glicerina con un hisopo dentro de la nariz (lo más profundo posible teniendo cuidado de no lastimar) dos veces al día, o recurrir a un lubricante nasal. Conviene comer naranja, tomate (verde o rojo) y otras frutas para ayudar al fortalecimiento de las venas y la disminución del sangrado.

Se debe evitar

Sonarse la nariz con brusquedad.

Permanecer cerca de un fumador mientras padece enfermedades como gripe o resfriado, tampoco si sientes resequedad en las fosas nasales.

No retirar con violencia el algodón o papel empleado para detener el sangrado, pues éste puede reiniciarse.

Recuerda:

Consumir frutas ricas en vitamina C (limón, toronja, mandarina, lima, guayaba y fresa) para reforzar la estructura de los vasos sanguíneos y alimentos que contengan vitamina K (verduras verdes, frutas y semillas), pues es básico para la formación de proteínas y la coagulación normal de la sangre.

Lo anterior puede apoyarse con algunos suplementos vitamínicos y complementos alimenticios.

Limpiarse la nariz con cuidado: cubrir con la mano y un pañuelo uno de los conductos y arroje aire en forma suave. La boca debe permanecer ligeramente abierta.

¿Cuándo acudir al Médico?

Si la hemorragia persiste entre 15 y 30 minutos.

Si la pérdida de sangre provoca debilidad o señales de desmayo.

Si la hemorragia se presenta al tratar de aclarar la garganta por medio de ligera tos (carraspeo).

Si se pierde sangre en abundancia o sale con velocidad.

HEMORRAGIAS GRAVES

Una hemorragia es la pérdida o escape de sangre a través de la ruptura parcial o completa de vasos sanguíneos.

Pueden causar mucha alarma, pero en la gran mayoría de los casos no son mortales si se atienden a tiempo.

Las hemorragias que se originan cuando una persona sufre un accidente con instrumentos punzo cortantes como cuchillos, navajas o tijeras, herramientas, vidrios o láminas, o bien, cuando tiene alguna caída o golpe muy fuerte, generalmente pueden detenerse presionando la herida, pues así se interrumpe el flujo de sangre y se estimula la coagulación.

¿Qué Hacer?

En heridas grandes, presione a los lados de la lesión sin lastimar manteniendo la presión durante, aproximadamente, 10 minutos.

Pide a otra persona que busque la ayuda de un especialista, pero si te encuentras solo auxilia al accidentado y, cuando la situación esté bajo control, solicita ayuda médica.

En hemorragias graves acuesta a la víctima y aflojarle la ropa sin ocasionar molestias. Aprieta la herida con un paño o con la mano; si hay objetos incrustados oprime la piel que esté a su alrededor.

De ser posible, eleva la zona lesionada (pierna, brazo). Si el sangrado continúa, coloca una tela encima y asegura con una venda.

No dudes en llamar a una ambulancia. De ser posible, mientras llega la ayuda el paciente debe permanecer acostado y con la cabeza baja para evitar un desmayo. Se debe mantener la parte dañada tan alta como sea posible.

Si esto no es suficiente para detener la hemorragia y el servicio médico tarda en llegar, debe interrumpirse la salida de sangre desde el punto más cercano al corazón con la mano o mediante un torniquete (es decir, amarrando la extremidad con un cinturón, o alguna prenda de vestir).

Por ejemplo, si la herida se localiza en un pie, el torniquete deberá aplicarse alrededor del muslo; si fue en la mano, arriba de los bíceps. En tal caso, debe localizarse un punto resistente contra el cual pueda oprimirse la arteria dañada.

Para realizar un torniquete, utiliza un trapo doblado o un cinturón ancho; puede auxiliarse con un palo que sirva como palanca. Afloja la presión cada 5 minutos para verificar el estado de la herida y permitir que circule la sangre.

Si una vena resultó lesionada, la sangre aparece de color rojo oscuro, y fluye en forma lenta y continua.

Si la sangre tiene color rojo vivo, fluye de manera violenta y a intervalos rítmicos que corresponden a los latidos cardíacos, se trata de una lesión en una arteria.

Si se encuentra en el campo y no llega inmediatamente el equipo de auxilio marque con la sangra de la victima en la frente una raya cada vez que afloje el torniquete, esto ayudará al socorrista a continuar con el tratamiento.

Si la hemorragia es vaginal puede ser parte de un trastorno mayor, es decir, una infección durante el embarazo, amenaza de aborto o anemia, por lo que debe considerarse una emergencia que requiere la atención del ginecólogo.

CAPÍTULO 6

CUESTIÓN DE VIDA O MUERTE

Para evitar tragos amargos es de gran utilidad conocer los Primeros Auxilios básicos a fin de enfrentar posibles accidentes que afectan principalmente como: cortaduras, moretones o raspaduras. A continuación, una serie de técnicas para actuar ante estos incidentes con calma, rapidez y efectividad.

La vida de los acampantes se encuentra llena de aventuras que brotan de su enorme imaginación; no es para menos, ya que el juego es el método a través del cual conocen su entorno y desarrollan capacidades para relacionarse con los demás.

Empero, en medio de su ir y venir incesante, los acampantes se encuentran expuestos a distintos accidentes, por más precauciones que se tengan.

Por este motivo, deben saber cómo actuar en caso de que esos momentos angustiosos se presenten, pues deben conservar la calma y cordura para ayudar a los accidentados, en vez de alarmarlos o complicar más la situación.

Ahogamiento.- Un ACAMPANTE puede ahogarse en espacios de agua poco profundos, por lo que es muy importante vigilarlo cuando se encuentre cerca de un estanque, piscina o río.

En caso de que algún pequeño esté a punto de ahogarse deberás rescatarlo lo más pronto posible y llevarlo a un lugar cálido y seco, sin desnudarle, y acostarlo sobre mantas o un abrigo. Si hay alguien que te ayude, pídele que hable al médico; si te encuentras solo, se sugiere esperar a que la víctima se estabilice para llamar al servicio de emergencias.

Quisiera darte algunas recomendación de la forma correcta para rescatar una persona que se este ahogando, pero siempre toma en cuenta que tu seguridad es lo primero, cuando lo vayas a hacer actúa con rapidez y sangre fría, mirando claramente la situación y la forma como vas actuar. Si esta persona está en el mar es muy importante que no lo hagas, solo busca ayuda para que sea tu respaldo en el rescate. Si cuentas con elementos adecuados para el salvamento úsalos, pueden ser boya de rescate, cuerda, amarrada a la boya, etc.

Mira con mucho cuidado la situación. Si el naufrago está en un río, sé cauto en mirar las fuente de desfogue y pídele o gritarle que se trate de colocar con los pies hacia adelante y con los brazos usados como timón y se dirija a la fuente de desfogue.

Si está inconsciente, nada con seguridad de una manera diagonal siguiendo la corriente del río hasta llegar a la victima y de igual manera sales a la orilla. Quisiera recalcar que esto lo puedes hacer siempre y cuando tengas mucha habilidad física para nadar, estés seguro que soportarás el rescate ya que remolcar a una victima es muy fuerte y pesado, por eso recalco que tu bienestar es primordial.

Existen varias técnicas de remolque a una victima que se está ahogando. Entre las más conocidas y elementales están: acercarse por detrás de la víctima y sujetarla con tu brazo pasándolo sobre el cuello con dirección al otro brazo en la parte baja del omóplato. Nadar con el otro brazo para remolcarlo a un

lugar seguro.

Si no te es posible remolcarlo por el peso de la victima o porque te encuentras muy cansado, puedes empujarlo poco a poco para sacarlo de la piscina o del lugar del ahogo.

Otra maniobra de remolque es cuando la persona está consiente, pedirle que con sus manos se sujete de tus hombros y nadar libremente hasta la orilla.

En mucho de los casos la persona que se está ahogando entra en desesperación y no permite el rescate. Aproxímese a la victima por detrás, hable con claridad, trate de tranquilizarle, dígale que le va ayudar a salir pero tiene que colaborar. Si se mantiene la desesperación, muchos rescatistas enseñan que hay que darle un mediano golpe en el rostro para que reaccione. La recomendación es que su seguridad es primordial. Actúe con criterio y serenidad y tome la mejor decisión.

Al ser rescatado la cabeza del acampante debe estar un poco más abajo que el pecho para evitar que se atragante con su propio vómito; comprueba su respiración y pulso, y si está inconsciente, pero respira, colócalo en posición de recuperación (de lado, con las extremidades del costado que está en el suelo extendidas y el brazo y pierna libres flexionados para evitar que caiga boca abajo); cámbiale las ropas húmedas y aíslelo del frío.

Atragantarse.- Cuando la vía respiratoria de un acampante se encuentra obstruida por alimento, objeto o su propia saliva, puede perder la conciencia.

Para evitar esto, y en caso de que se trate de un bebé, colócalo boca abajo, y de espaldas a ti, sosteniéndole la cabeza y los hombros con tu brazo derecho.

Con la mano izquierda dale 5 o 6 palmaditas rápidas entre los omóplatos.

Si no funciona, vuelve al bebé de cara hacia ti y acuéstalo a lo largo de uno de tus brazos; coloca dos dedos de su mano libre sobre la mitad inferior del pecho y presiona otras cinco veces con los meñiques hacia abajo con rapidez.

Observa al interior de su boca, y coloca con cuidado uno de sus dedos sobre la lengua para ver la obstrucción.

Si el pequeño no responde, llama a un médico, pero insiste con las técnicas.

Si es un acampante mayor, pídele que tosa, hable o respire, y nunca des palmadas en su espalda, ya que puede introducir más el objeto que obstruye su garganta.

Si esto no resulta, colócate de pie detrás de él y localiza la costilla más baja del pequeño; abrázalo a esa altura y forma un puño que presione el estómago de la víctima; empuja hacia arriba de manera rápida (acción que se conoce como maniobra de Heimlich).

Empuja hasta que el aire libere las vías respiratorias y, de igual forma, llama al servicio de emergencias si no observa mejoría, repite la maniobra.

Envenenamiento.- Plantas, medicinas y sustancias tóxicas que se guardan en envases de alimentos y bebidas pueden generar intoxicación en niños. Primeramente, retira a la víctima del veneno y si se trata de pastillas no intenta retirarlas de la boca porque puedes empujarlas a la garganta; en caso de gas u otra sustancia volátil, retira al acampantes del área y llévalo a una región ventilada. Pide a alguien que hable al servicio de emergencias, y si te encuentras solo espere a estabilizar la situación.

Si el veneno es corrosivo para la piel, quita la ropa del área afectada y lávala con agua hasta que la sustancia se disuelva por completo (20 ó 30 minutos); si ha entrado en contacto con los ojos, lávalos de igual manera por un mínimo de 15 minutos.

Quien llame al médico debe tener el envase o etiqueta de la sustancia tóxica porque deberá responder preguntas sobre ella.

No se provocará el vómito, salvo instrucción médica.

Objeto extraño en el ojo.- Partículas de polvo, astillas, arena o una pestaña pueden generar malestar en este órgano; se coincide en señalar que el mismo lagrimeo debe limpiar al globo ocular, pero en aquellos casos en que no se presenta mejoría puede actuarse de distintas maneras para sacar el objeto:

- Localiza el agente extraño colocando la cara del afectado hacia la luz, mientras separas los párpados con los dedos índice y pulgar.

- Pide al acampante que mire a la izquierda, derecha, arriba y abajo, hasta localizar el objeto.

- Inclina la cabeza hacia el costado del ojo afectado, mientras aplicas una solución oftálmica (lubricante o lágrimas artificiales).

- En tanto, la persona atendida deberá parpadear sin frotar el ojo. Si esto no da resultado, puedes usar la punta de una gasa o pañuelo y tocar suavemente el objeto hasta adherirlo. Si es imposible retirar el objeto alojado en el ojo, debe taparse y acudir al oftalmólogo.

Nunca intentes extraer un objeto que esté incrustado en el ojo (astilla, papel, madera o lente de contacto), porque podría causar daño irreparable al tratar de sacarlo; tampoco lo presiones ni talles. En estos casos deberás cubrir el ojo y acudir siempre al especialista para que evalúe la situación.

Mordeduras.- Ocurren a través de la convivencia con perros, gatos o incluso con otros niños; además del posible sangrado

que se genere, debe darse atención especial debido a que puede presentarse una infección bacteriana. Procura investigar si el animal estaba vacunado.

La herida se limpiará con agua y jabón, y en caso de sangrado abundante se deberá ejercer presión tal como se indicó en el apartado anterior.

Llama al médico para que revise la herida y prescriba antibióticos de ser necesario; también dará indicaciones sobre los cuidados que deberán tenerse y la vigilancia que se hará a la herida durante al menos 48 horas para observar signos de infección (enrojecimiento, pus, inflamación, fiebre y sensación de calor de la piel).

Siempre que tengas dudas sobre la posibilidad de que el animal transmitiera rabia, manifiéstalo al galeno.

Golpes en la cabeza.- Generados por caídas y resbalones, suelen generar hinchazón o moretones; en estos casos puedes colocar una bolsa de agua fría sobre el área lesionada para generar alivio (nunca coloques hielo directamente); asimismo, también puedes aplicar un antiinflamatorio local en gel.

En caso de haber cortadura, controla la hemorragia ejerciendo presión con un paño limpio para ayudar a la coagulación; también puedes aplicar la bolsa con agua fría.

Cuando la situación se estabilice, trata de llevar al herido al médico, cubriendo la herida con gasa y tela adhesiva, y en aquellos en que el sangrado no puede controlarse o la herida sea muy grande, debe pedirse ayuda de inmediato al servicio de emergencias.

Si el pulso, los reflejos y el estado de conciencia del accidentado son normales y siente sueño, puede dormirse y descansar.

Finalmente, nunca dudes en solicitar auxilio médico si la víctima, después de un golpe en la cabeza:

No tiene pulso, no respira o parece que se ha lesionado el cuello.

Presenta sangrado considerable.

Tiene más de 5 minutos inconsciente.

Se encuentra confundido, con pérdida de memoria y cambios de personalidad.

Manifiesta convulsiones.

Se muestra con dolor de cabeza, le cuesta trabajo mover algún miembro o presenta debilidad.

Tiene visión borrosa, doble y pupilas desiguales.

Habla con dificultad.

Siente nauseas o tiene vómito.

CAPÍTULO 7

FRACTURAS

Se trata de la ruptura total o parcial de un hueso, debido a un golpe o contracción muscular violenta; se reconoce porque la persona lesionada escucha o siente el rompimiento y la extremidad adopta una posición anormal. Una fractura abierta o expuesta se distingue porque el hueso lesionado es visible y genera hemorragia.

Nunca se intentará re acomodar el hueso, ya que pueden dañarse los tejidos internos, pero sí se puede inmovilizar la zona con tablillas sujetas con vendas; no se utilizarán cuerda o alambre, ya que se puede obstruir la circulación.

La inmovilización de un brazo se realiza colocando las tablillas en las caras interior y exterior de la extremidad; para lograr mayor seguridad, se sujetará contra el pecho con ayuda de vendas.

En caso de fractura de una pierna, la persona se recostará y recargará el área lesionada en un cojín o sábanas, manteniendo la cabeza a una altura por debajo del corazón mientras es entablillado.

En todo caso de fractura expuesta retira la ropa cercana con cuidado y controla la hemorragia ejerciendo presión directa a intervalos de 10 minutos, utilizando un lienzo limpio; no toques el hueso y trata de cubrir la herida formando un par de rollos de tela, colocados a los lados de la lesión, de modo que protejan al hueso cuando se realice el vendaje.

Si es posible transportar al paciente deberá llevarlo de inmediato al hospital, pero si juzgas que la fractura es muy grave o es imposible inmovilizar la extremidad afectada, pídele a alguien que llame al médico mientras brindas atención a la víctima.

CAPÍTULO 8

QUÉ DEBO LLEVAR

Las técnicas de Primeros Auxilios sirven para hacer frente a situaciones difíciles, pero requieren de algunas medidas para que surtan efecto positivo.

Son más efectivos cuando se tienen conocimientos previos, por lo que recomendamos que el brigadista del campamento pueda tener pleno conocimiento de éstas técnicas y saber enseñar a todos, además debe tomar un curso al respecto.

Para adelantarse a los percances, toda grupo humano debe contar con un botiquín bien equipado. Se deben tener siempre a la mano los números telefónicos de los servicios de emergencia.

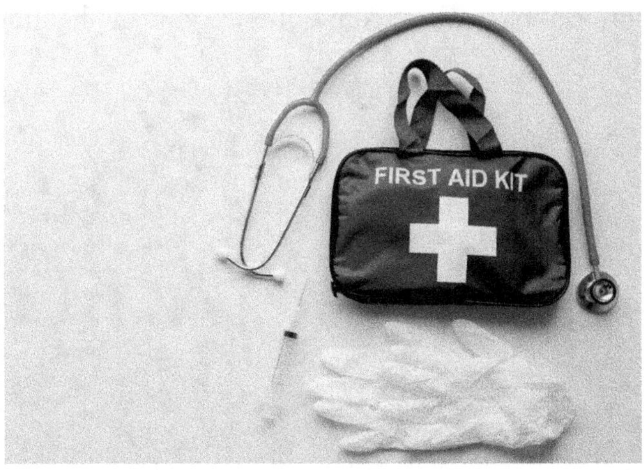

Considero que todas las recomendaciones no están por demás en este libro, ya que la vida de nuestros acampantes depende de lo preparados que estemos en estas situaciones.

Las recomendaciones que te damos sería muy importante que en tu planificación como un buen socorrista la compartas con tus acampantes y, sobre todo, planifica un curso de Primeros Auxilios para todos, esto podría ser cada seis meses.

Por último, piensa que todas las medidas de seguridad son bienvenidas para procurar la salud y bienestar de los acampantes y que no se debe escatimar esfuerzos para salvar una vida.

La mejor manera de disfrutar de un campamento es a través de la prevención.

Incluir medicamentos o material de curación en el equipaje no es predisponerse a un accidente o enfermedad, sino una medida inteligente que le permitirá viajar con seguridad.

No se trata de llevar a cuestas una farmacia entera, sino de tomar algunos de los consejos y medidas que más se ajustan a sus necesidades, y considerar que por lo general se visitan lugares que no conocemos tan bien como nuestro entorno habitual.

Es común escuchar que por falta de precaución los acampantes contraen algún mal, ante todo diarreas o enfermedades parasitarias, o que sufren pequeños accidentes (heridas leves, raspones) que no pudieron ser evitados por no seguir algunas medidas de prevención.

En términos generales, contempla con lógica con qué se equipa un botiquín para los campamentos, es esencialmente la misma que se utiliza para conformar del hogar o trabajo, solo que es más ligero e incluye algunos elementos propios para la ocasión.

Sugerimos los siguientes para que los considere:

Gasas
Vendas
Pomada para heridas leves con propiedades cicatrizantes y antisépticas
Tijeras
Solución antiséptica local (agua oxigenada, yodo)
Pastillas contra mareo
Anti diarreicos
Descongestivos nasales
Repelente contra insectos
Protector solar
Jabón anti-bactericida
Termómetro
Medicamentos par
menstruación

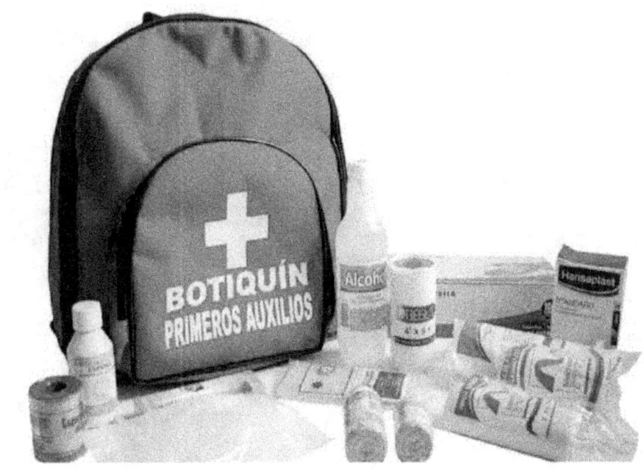

Asimismo, recomendamos las siguientes medidas:

Lleva contigo medicinas que tomas habitualmente, las suficientes para que tu tratamiento no se interrumpa, ya que existe el riesgo de que los medicamentos que consumes no estén disponibles en el lugar que hayas elegido para acampar.

Incluye recetas médicas que te permitan comprar algún fármaco que tomes regularmente, pues es frecuente que durante el viaje se pierdan las medicinas.

Si necesitas aplicarte inyecciones, lleva cantidad suficiente de jeringas.

Quienes utilicen aparato para la sordera, medidores de glucosa o presión arterial, por ejemplo, deben incluir una batería extra.

No olvides llevar medicamentos que pueda consumir algún acampante que te acompañe, sobre todo si es sensible a padecer alguna crisis de asma, alergia o diarrea. Pregunta a su pediatra por los fármacos necesarios para cubrir estos riesgos.

Puedes incluir la Guía Rápida de Primeros Auxilios o lleva este material que te ayudará en momentos de emergencia.

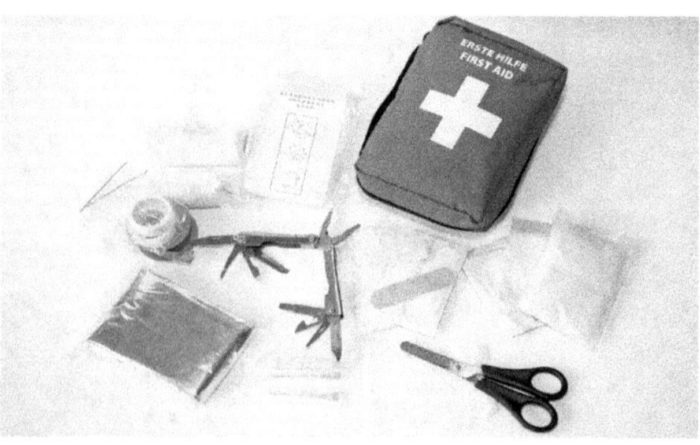

Si vas de campamento:

Haz hincapié en elementos como repelente, filtro solar y material de curación para raspones y heridas leves.

Ten cuidado con los frutos silvestres. No siempre son tan inofensivos como parecen.

Por más traslúcida que parezca, el agua puede estar contaminada. Para beber, llévala envasada, en filtro (pueden conseguirse jarras muy prácticas con ese artefacto adaptado) o soluciones desinfectantes. Hervirla es poco recomendable, porque el punto de ebullición varía según la altura.

Si vas a la playa

Ante todo, elije un filtro solar con factor de protección alto. Renueva la aplicación cada dos horas, después de bañarse o de sudar mucho.

Para evitar que la piel se descame, aplica productos hidratantes después de exponerse al Sol.

Bebe suficientes líquidos para reponer los que se pierden por la transpiración.

Antes de nadar, localiza los centros de atención de emergencias y salvavidas.

Como ves, se trata de medidas de precaución fáciles de llevar a cabo y que requieren de un poco de atención para ser cumplidas, las cuales te ayudarán a permanecer más tranquilo en tu estancia y disfrutar de un merecido descanso.

Recuerda que cualquier inquietud o duda que se presente puede ser aclarada por tú médico, y que es mejor preguntar que quedarse con la duda.

Sobre todo, un buen socorrista siempre está pendiente de lo que puede pasar y está preparado.

CAPÍTULO 9

PICADURAS DE INSECTOS

Definición: Se manifiestan con brotes de ronchas rojas en la piel que se producen cuando los insectos inyectan pequeñas cantidades de sustancias venenosas, las cuales dan lugar a dos tipos de reacciones: local, que produce dolor e inflamación en la zona de la picadura y la de tipo alérgico, que causa urticaria, hinchazón y dificultad para respirar.

Causas
Ataque de insectos nocivos como mosquitos, pulgas, chinches, ácaros, garrapatas, avispas, abejas, abejorros, hormigas y arañas.

Síntomas
Aparición de ronchas rojas en la zona dañada.
Ardor y dolor
Inflamación
Comezón

En ocasiones, un individuo alérgico que sufre la picadura de un insecto tiene dificultad para respirar.

Diagnóstico
Se realiza con base en la observación de los síntomas antes descritos.

Prevención:

No usar ropa de colores brillantes, ya que atrae a los insectos. Mantener cuello y brazos cubiertos.

No caminar descalzo.

Nunca debe golpearse o arrojar objetos a una colmena.

Utilizar productos repelentes de insectos en la ropa o en la piel.

CAPÍTULO 10

¿QUÉ SON LAS ALERGIAS?

En varios países, entre 5% y 10% de la población sufre algún tipo de alergia, padecimiento que se hace más recurrente en la primavera y que fácilmente puede confundirse con otros. Tal vez sufres de alguna de sus variantes y no sabes distinguirla, por eso es importante que sigas leyendo y conozcas todo acerca de esta afección a la salud.

El aumento de casos de alergias en el mundo es tal, que se considera que el 25% de la población de los países industrializados sufre alguno de los tipos de este padecimiento. La explicación de que así suceda es el incremento de elementos contaminantes en el ambiente, los cuales sensibilizan a los sistemas de defensa que protegen nuestro organismo.

Pero, a todo esto, ¿qué son las alergias? Surgen como consecuencia de una alteración del sistema inmunológico, que responde de manera exagerada a la presencia de sustancias (llamados alérgenos) a las que es sensible, y que son inofensivas a la mayoría de la población.

Se trata de compuestos como polen, ciertos alimentos, polvo, humedad, pelo de animales, medicamentos, cosméticos, productos químicos o algunos materiales textiles, entre muchos otros, con los que tenemos contacto permanente y a los que podemos ser alérgicos.

La principal causa por la que se sufre alguna alergia es la predisposición genética, es decir, si nosotros somos alérgicos es muy probable que nuestros hijos también lo sean.

Otra muy importante, es la tendencia creciente a auto medicarse ante el primer síntoma de enfermedad, sin dejar que el sistema defensivo actúe por sí mismo, así como la presencia en los alimentos diarios (sobre todo frutas y verduras) de plaguicidas, sustancias químicas que se vierten desde la siembra y hasta la cosecha a manera de protección y que favorecen la aparición de procesos alérgicos.

Batallas en el organismo

Para conocer el mecanismo de acción de la alergia, imaginemos que cuando el alérgeno ingresa al organismo, éste reacciona como lo hace al ser atacado por virus o bacterias y se protege a sí mismo produciendo anticuerpos (inmunoglobulinas) para neutralizar eventuales ataques futuros.

Los anticuerpos se adhieren a las paredes de los tejidos y al hacer acto de presencia nuevamente el alérgeno, se desprenden para atacarlo. Esta separación del tejido provoca un deterioro que da origen a la liberación de histamina, sustancia química

que a través de la sangre llega a piel y mucosas, generando los síntomas característicos de la alergia.

Las manifestaciones de este padecimiento pueden confundirse con los de otras enfermedades, por ejemplo, algunos alérgenos atacan las membranas mucosas de tracto respiratorio superior (boca, lengua, paladar, nariz y garganta), generando estornudos, moco, comezón, ojos llorosos e infecciones en los oídos, por lo que pueden hacer parecer que se trata de gripe.

Algunos otros producen trastornos digestivos, fuertes dolores de cabeza, mareos o náuseas. A veces el único síntoma consiste en una alteración superficial de la piel, como urticaria y eccema (se define más adelante).

A continuación los tipos más comunes de alergias que sufre la población:

Asma.- Enfermedad del aparato respiratorio que produce inflamación de los conductos que llevan aire a los pulmones, como consecuencia de exagerada sensibilidad o alergia hacia elemen tos irritantes, por ejemplo: polen, humo, polvo, algunos medicamentos o pelo de animales.

Se manifiesta con ahogo, tos, opresión en el pecho y silbidos al respirar. Cuando la persona se mantiene estable, su respiración puede considerarse normal, ya que el aire es capaz de fluir libremente hacia los pulmones, pero si sufre catarro, gripe o se expone a las sustancias antes citadas, las vías respiratorias se obstruyen.

Ello sucede porque se inflaman sus paredes, se contraen los músculos que las rodean, y a ello se suma elevada producción de moco, la cual estrecha aún más esos conductos dificultando la respiración.

Puede aparecer a cualquier edad, pero difícilmente antes de los 2 o 3 años; no es curable, únicamente es posible controlarla.

Conjuntivitis.- Entre el ojo y la cara interna del párpado se encuentra una membrana mucosa que recibe el nombre de conjuntiva, cuya función es mantener húmedos los ojos y, en acción conjunta con las lágrimas, mantenerlos libres de impurezas del medio ambiente.

Así, cuando la conjuntiva se inflama, por contacto con polvo, pelo y plumas de animales, flores y humedad, se denomina conjuntivitis, la cual se caracteriza por sensación de objeto extraño en el ojo, enrojecimiento del área blanca, inflamación y comezón de párpados, así como secreción mucosa.

Eccema.- También llamada dermatitis por contacto, se trata de un brote de ronchas rojas en mejillas, muñecas, rodillas y la parte interna de los codos, que provoca comezón intensa, irritación, úlceras diminutas y descamación. Su aparición se relaciona con gran número de sustancias químicas que tienen contacto con la piel.

Puede presentarse a partir de los dos meses de edad o en personas con piel seca, e incluso, en ocasiones, después de consumir ciertos alimentos, como leche o huevo.

Las sustancias irritantes más comunes son jabones con fragancia o cloro, materiales sintéticos y algunos cosméticos.

Rinitis. Cuando la alergia es al polvo, polen, humedad y moho (entre otros compuestos) es llamada rinitis alérgica, y puede presentarse a cualquier edad, e incluso ser heredada de los padres. Los síntomas son graduales y empiezan por producir comezón en nariz, paladar, parte posterior de garganta y ojos.

A continuación estos últimos lloran, se manifiestan estornudos y escurrimiento por la nariz. No resulta raro que haya dolor de cabeza, tos, fiebre, dificultad para conciliar el sueño, falta de apetito y la persona se torne deprimida e irritable.

¿Qué hacer?

Hasta esta fecha la Medicina no tiene soluciones definitivas contra la alergia, sólo alivia momentáneamente los síntomas a través de fármacos paliativos, como los antihistamínicos, que evitan la liberación de histamina, o los broncodilatadores, que facilitan la respiración en crisis asmáticas, así como corticoesteroides, hormonas sintéticas que eliminan los síntomas de inflamación.

Pese a ello, los tratamientos para hacer frente a las alergias tienen como base las vacunas, en el 80% de los casos, y a las cuales se llega haciendo estudios específicos de cada paciente.

Para indicar la vacuna pertinente, el médico realiza una prueba de sensibilización en la piel del enfermo, la cual consiste en reproducir -comúnmente es en la espalda - una reacción de ese tipo mediante el contacto con alérgenos, seleccionados de acuerdo con la historia clínica del paciente; otro tipo de pruebas son las de provocación oral, útiles para diagnosticar el padecimiento cuando es ocasionado por medicamentos y alimentos.

De esta forma se identifican los elementos causantes de alergia, y con los resultados se prepara una sustancia única que inmunice al enfermo.

Es importante recurrir a un verdadero especialista en la materia (Alergólogo), de quien se pueda confiar la calidad de la vacuna obtenida, pues es común encontrar en el mercado vacunas sin un sustento científico y las cuales pueden tener repercusiones en nuestra salud.

CAPÍTULO 11

ACCIDENTES CASEROS COMUNES

Todos los hogares están propensos a tener este tipo de emergencias. Lamentablemente no todos los tomamos en serio ni guardamos las debidas precauciones. Es por eso que coloqué un capítulo respecto a esta situación para que puedas tener en cuenta de cómo actuar en estas emergencias.

Queremos una vida saludable, buscamos una casa tranquila y segura, pero por desgracia en esta vida no todo es color de rosa. Hemos visto que existen muchos peligros derivados del ruido, de la temperatura, la higiene, etc., y muchos de ellos suceden diariamente en nuestra casa.

Dado que en el hogar es donde pasamos muchas horas a lo largo de nuestra vida, es allí donde también existen posibilidades de que surja algún accidente de cualquier tipo. Sin embargo, no todos los miembros de la familia tienen las mismas posibilidades de sufrir un accidente.

Los niños menores de cinco años quieren descubrir su entorno, son muy curiosos y quieren investigar todo sin percatarse de los riesgos que corren.

Los ancianos mayores de sesenta años también son candidatos a sufrir percances pues su movilidad ya no es la misma y se les dificulta coordinar sus movimientos.

Las amas de casa y caballeros les gusta cocinar, sobre todo los mayores de 45 años, y en algún momento, sin aviso previo sufren algún percance, por tal virtud las recomendaciones que damos son útiles para toda la familia.

¿Cómo atender esa emergencia en el hogar?

Siempre es recomendable tener un botiquín en casa sobre un lugar accesible y seguro, alejado de los niños, puede ser de gran utilidad en esos momentos difíciles.

Los teléfonos de emergencia deben estar colocados en un lugar visible: Centro Médico, Urgencias, Policía, Bomberos y Ambulancias. El 911 es vital, por eso es sumamente importante instruir a todos los miembros de la familia cómo hacer esta llamada enseñándoles lo delicado que es, y sólo utilizarlo en caso de emergencias.

En el hogar, recuerda: Todo objeto pequeño como botones, pilas o pastillas debe estar fuera del alcance de los niños.

Los medicamentos y productos de limpieza deben estar guardados en un lugar seguro, y de ser posible bajo llaves.

Vigila a los niños mientras se bañan.

Protege enchufes y electrodomésticos con cinta de embalaje y revisa periódicamente las instalaciones eléctricas.

Asegura ventanas y balcones para que los niños no puedan acceder a ellos fácilmente.

Cuando realizas limpieza de suelos y escaleras coloca en forma

visible señales de aviso o conversa con tus niños para que cami

nen con cuidado (si esto es muy necesario). Esto puede evitar un gran número de caídas.

En caso de accidente lo primero que debe hacerse es mantener la calma, si estás tranquilo, eso lo transmitirás al niño.

Protege a tu pequeño y si es posible, llévalo a un lugar con buena iluminación donde puedas visibilizar el tipo de herida o golpe que tiene.

Si es un golpe leve, recuesta al niño con cariño, no lo regañes en forma brusca ni agredas su autoestima, ya es suficiente con el dolor que siente en su cuerpo para seguirlo atormentando. Coloca una toalla húmeda en el golpe y si puedes pedir ayuda llama a su pediatra de confianza.

En caso de necesitar atención médica, acuda con tranquilidad a una casa de salud cercana donde lo puedan ayudar.

Si es de fuerza mayor como pérdida de conciencia, corte profundo, quemadura severa, llama a urgencias (911) y pide ayuda inmediata.

Dentro del hogar no estamos exentos de que un ser querido sufra de un accidente como quemaduras, fracturas, asfixia, envenenamiento y heridas, los que pueden ocurrir en cualquier momento, por ello es que todos deberíamos adquirir conocimientos básicos de Primeros Auxilios, con personas o instituciones certificadas para esto.

QUÉ HACER

Llamar al 911 y dar la información que te solicitan y tener bien en claro lo siguiente que también te requerirán:

En caso de accidente doméstico, explicar cómo ha ocurrido (incendio, intoxicación, caída, etc.).

Localización exacta de los hechos.
Idea clara y general de las posibles víctimas (tipos de lesiones o síntomas que presenta la víctima).

CAPÍTULO 12

REANIMACIÓN CARDIO PULMONAR

La reanimación o resucitación cardio pulmonar (RCP) es una técnica para salvar vidas, muy conocida y sus maniobras generalizadas, ya que todo paciente debe ser atendido casi de la misma forma, exceptuando los lactantes y otros casos mas. Se usa en situaciones de emergencia cuando una persona deja de respirar o su corazón deja de latir. La Reanimación cardio pulmonar combina compresiones pectorales (presionar el pecho sobre el corazón) y respiraciones de rescate (respiración boca a boca).

Llama la atención a una persona golpeando ligeramente por los hombros para ver si se encuentra consciente.

Verifica si tiene pulso y respira, de lo contrario aplica la maniobra de ABC.

Si no hay respuesta de la persona:

Llama al 911 o al número local de emergencias si no hay respuesta.

Coloca a la persona cuidadosamente boca arriba, sobre una base dura y procede hacer maniobras de RCP. Es muy impor tante confirmar que la persona tenga un paro cardio respiratorio ya que los síntomas puede confundirse con un shock.

Abrir vías aéreas y realizar la maniobra mentón arriba cabeza atrás.
Observa, escucha y siente si hay respiración.
Realiza compresión toráxica:
Alterna compresiones - insuflaciones en una secuencia 30:2 (30 compresiones y 2 insuflaciones) a un ritmo de 100 compresiones por minuto. No interrumpas hasta que la víctima inicie una respiración espontánea, te agotes o llegue ayuda especializada.

Coloca la otra mano por encima y entrelaza los dedos para tirar hacia arriba de la mano que apoya sobre el paciente para comprimir sólo sobre el esternón, y no sobre las costillas. El centro del pecho se localiza en la mitad inferior del esternón.

Una orden de no reanimar u ONR, es una orden médica escrita por un médico. En esta orden se instruye a los proveedores de atención médica no realizar la reanimación cardiopulmonar (RCP) si la respiración de un paciente deja de funcionar o su

corazón deja de latir.

CAPÍTULO 13

VENDAJES

Inmovilización: Como su nombre lo indica se trata de impedir que el hueso roto o lesionado se mueva. Si es fractura en la mayoría de casos se utiliza para este fin una férula o tablilla. Hay férulas que vienen ya hechas pero también se puede improvisar. Si se va a improvisar una férula debe utilizarse una plancha lisa de madera, de metal o de cartón con los extremos redondos y de un tamaño adecuado para la zona que se va a inmovilizar.

Tener en cuenta:

El tamaño: Debe ser suficiente para abarcar las articulaciones por arriba y por debajo de la fractura, por ejemplo, si la fractura es en el antebrazo se debe inmovilizar el codo y la muñeca

Fijar la férula, ya sea con vendas, tiras de tela, esparadrapo, o cualquier otro tipo de material que sirva.

No apretar con mucha fuerza, pues puedes afectar la circulación sanguínea. Debes estar atento si hay señal de hinchazón o de amoratamiento, si es así, afloja la férula.

Objetivos de la inmovilización: Limitar los movimientos, evitar el dolor y el shock, disminuir el daño a tejidos cercanos a la lesión, corregir la deformidad, disminuir el sangrado, inmovilización de paciente politraumatizado. Ante todo, la asistencia debe comenzar en el lugar del accidente, dando especial importancia a las lesiones de la columna vertebral.

Tras la evaluación inicial, y atendidas las lesiones con riesgo inminente de muerte, se procederá a la inmovilización y traslado.

Si un paciente, tras un accidente está atrapado, se solicitará la asistencia de los equipos.

RECUERDA: Toda fractura requiere atención médica; practica la inmovilización y traslada al lesionado al médico o centro médico mas cercano.

INMOVILIZACIÓN DE EXTREMIDADES SUPERIORES

Fracturas frecuentes: Húmero (brazo), el Cúbito o el Radio (antebrazo). Menos frecuentes: Huesos de la muñeca y mano. Por lo general son cerradas y su tratamiento es igual al de los demás huesos largos. Requiere la inmovilización

Inmovilización del Brazo: Existen varias formas de hacerlo. Una muy sencilla es: para mayor comodidad del paciente, rellenar la axila con un cojín de algodón o tela.

Colocar una tabla o cartón, de tamaño adecuado al tamaño del brazo del paciente

Esta tablilla o férula se fija con pañuelos y/o vendas.

Después de inmovilizar, poner un cabestrillo que consiste en una tela triangular grande anudada sobre la nuca del paciente

Inmovilización de antebrazo:

Al igual que en el caso anterior, se utiliza una férula de madera o cartón, que se extienda desde el codo hasta la punta de los dedos. Se fija con pañuelos, venda en rollo o esparadrapo. Se coloca el cabestrillo como se indicó en la inmovilización del brazo.

Inmovilización de los dedos:

Se puede usar un baja lenguas o tablilla, como el que el médico utiliza para el examen de la cavidad bucal; también puede utilizarse un pedazo de madera o cartón grueso. Para fijar la tablilla o el cartón, se usa tela alrededor del dedo en uno o tres puntos.

Esta inmovilización es aplicable tanto en manos como en pies.

EXTREMIDADES INFERIORES Y SU INMOVILIZACIÓN

Fracturas frecuentes: Fémur (muslo), la Tibia o el Peroné (o pierna propiamente dicha). Menos frecuentes: Huesos del pie.

Inmovilización de muslo: Se coloca la férula bajo el lado externo del muslo, teniendo cuidado de que abarque desde la cadera, por arriba, hasta 10 cm por debajo de la rodilla Se fija con venda en rollo, pañuelos o venda adhesiva

Inmovilización de la pierna: Los huesos de la pierna (Tibia y Peroné) se fracturan frecuentemente y entre ambos, la Tibia más que el Peroné. Sin embargo, desde el punto de vista de PA no es importante saber cuál está fracturado, ya que el tratamiento es el mismo. La férula se coloca por la parte externa desde 10 cm por arriba de la rodilla hasta que rebase el borde del pie unos 5 cm. Se fija como se indicó en los casos anteriores.

Huesos de la pelvis o cadera: Una fractura de la pelvis implica riesgo de lesión de órganos internos. La pelvis por debajo y a los lados se articula con los fémures, este punto es donde son más frecuentes las fracturas, especialmente en personas de avanzada edad.

Síntomas de fractura: El síntoma mas característico es cuando la persona no puede mantenerse en pie por el intenso dolor en la fractura. La forma mas fácil de determinar una fractura es pedirle al paciente que trate de doblar las piernas; cuando hay fractura no puede levantar la pierna del lado de la fractura.

Otra forma es hacer presión hacia los lados de la cadera. Si esta maniobra despierta dolor podemos sospechar de una fractura.

Inmovilización:

El paciente debe estar acostado boca arriba con ambas piernas extendidas y cerradas. Utilice un vendaje circular, con rollo ancho desde la cintura hasta la mitad de los muslos. Otra forma de inmovilización puede ser:

Colocar al paciente acostado boca arriba, colocar una férula larga desde la axila hasta el tobillo y otra férula desde la ingle hasta el tobillo, ambas férulas se fijan con pañuelos o vendas.

Inmovilización en costillas

Síntomas de fractura:

Cuando una o varias costillas se rompen, el paciente respira superficialmente, por el dolor que produce hacerlo de forma profunda.

Para determinar una fractura se debe pedir al paciente que respire de forma profunda y verificar si causa dolor.

Cuando la costilla se desplaza hacia dentro puede dañar la pleura (membrana que cubre el pulmón), y causar infecciones severas.

Inmovilización:

Se utiliza una venda ancha en rollo alrededor del tórax un poco apretada, pero no en exceso. Este vendaje se aplica con el paciente sentado, sin ropa de la cintura para arriba y ambas manos apoyadas en la nuca

En caso de no tener venda en rollo se puede sustituir por varios pañuelos que deben quedar sobrepuestos. Trasladar en posición sentado para facilitar la respiración.

En el caso de vendajes se debe utilizar en una herida de cabeza un apósito para suspender el flujo de sangre y comenzar con el vendaje dando dos vueltas circulares sobre la misma y proceder a vendar alrededor de la cabeza y alterando con la parte inferior de la nuca presionando ligeramente u sujetandola para qu no se caiga durante el traslado.

CAPÍTULO 14

TRANSPORTACIÓN DE HERIDOS

Para realizar una transportación eficaz y sin repercusiones hay que tomar en cuenta: Evita torcer o doblar el cuerpo de una víctima con posibles lesiones en la cabeza o columna.

Utilizar una camilla dura cuando se sospecha de una fractura de columna vertebral.

No se debe sentar a las personas para ser transportadas cuando tienen lesiones en la cabeza, espalda, cadera o pierna.

Seleccionar el método de transporte de acuerdo con la naturaleza de la lesión, número de ayudantes, material disponible, contextura de la víctima y distancia a recorrer.

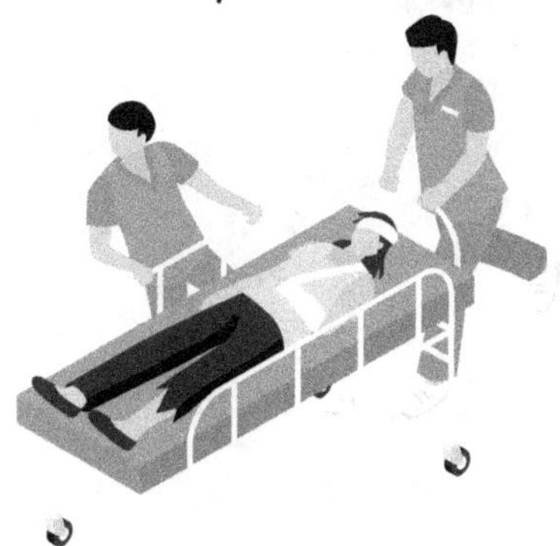

Dar órdenes claras cuando se utiliza un método de transporte que requiera más de dos ayudantes, en estos casos uno de los ayudantes debe hacerse cargo de dirigir todo el procedimiento.

Estado de conciencia:

Si se encuentra inconsciente, como resultado de un traumatismo, se la debe considerar como lesión de columna vertebral.

Para lograr una mayor estabilidad y equilibrio de su cuerpo, separa ligeramente los pies y doble las rodillas, NUNCA la cintura.

La fuerza debes hacerla en las piernas y no en la espalda.

Para levantar al herido, debes levantarlo muy cuidadosamente flexionando las piernas, manteniendo su cabeza y espalda recta.

NO trates de mover solo un adulto demasiado pesado, busca ayuda.

Los peligros de un transporte incorrecto son:

- Agravar el estado general.
- Provocar lesiones vasculares o nerviosas.
- Convertir fractura cerrada en abierta, incompleta en completa.
- Provocar mayor desviación de la fractura.

Traslado del lesionado por Arrastre

- Arrastres: Se utiliza cuando existen peligros inminentes que se hace necesario salvar y trasladar a la víctima sin haber estabilizado previamente sus partes lesionadas.

Transportación uno a uno: Consiste en agarrar al lesionado por los antebrazos o por los pies, con manta o por la misma ropa y se mueve, el socorrista camina hacia atrás a un lugar seguro. Este tipo de transportación debe hacerse sobre suelos lisos.

Transportación con ayuda: El socorrista debe tomar por detrás al lesionado, con los brazos a través de las axilas y agarrarse de

las manos para luego caminar hacia atrás. Esta técnica es útil para bajar o subir escaleras.

Arrastre de bombero: Este arrastre se utiliza en casos de incendios.

Consiste en llegar a la víctima arrastrándose por el piso, se coloca la víctima boca arriba y se les atan las muñecas de sus manos con un pañuelo, correa, etc., luego el socorrista se coloca sobre la víctima y pasará las manos del lesionado por encima de la cabeza, quedando colgando; luego se moviliza gateando y arrastrando al víctima hacia un lugar seguro.

Arrastre con manta: Se utiliza una cobija, manta, sábana, etc., extendiéndose la misma al lado del lesionado en posición de seguridad y se coloca la manta plegada lo más cerca posible de él, luego se gira hacia la posición normal para que quede encima de la manta.

Se arrastra tomando la manta por el lado donde está la cabeza del lesionado, manta y largueros: Se utiliza una manta o cobija y dos largueras (tubos, palos fuertes, etc.) colocando la cobija extendida en el piso y se doblan los extremos superiores e inferiores hacia adentro. Se coloca un larguero un poco separado del centro y se dobla la parte más corta.

El otro larguero se coloca sobre las dos partes de la manta y se dobla el extremo que sobra.

Tablas: se improvisa cualquier tabla resistente y rígida. Son las camillas ideales para transportar lesionados politraumatizados, posibles facturas de columna o con lesiones graves.

CAPÍTULO 15

ASFIXIA

La asfixia o ahogo se presenta cuando alguien tiene muchos problemas para respirar debido a que un alimento, juguete u otro objeto está obstruyendo la garganta o tráquea.

Las vías respiratorias de una persona que se está asfixiando pueden estar obstruidas de manera tal que el oxígeno no llega a los pulmones. Sin oxígeno, puede presentarse daño cerebral en tan solo 4 a 6 minutos. La administración rápida de Primeros Auxilios para la asfixia puede salvar una vida.

Causas

La asfixia puede ser provocada por cualquiera de las siguientes causas:

Comer demasiado rápido, no masticar bien los alimentos o comer con prótesis dentales que no están bien ajustadas.

Consumir alcohol (incluso una pequeña cantidad afecta el estado de conciencia).

Estar inconsciente y broncoaspirarse con vómito. Inhalar objetos pequeños (niños pequeños).

Lesión en la cabeza y la cara (por ejemplo: la hinchazón, el sangrado o una deformidad pueden causar asfixia).

Problemas para tragar luego de un accidente cerebro vascular.

Agrandamiento de las amígdalas o tumores del cuello y la garganta.

Problemas de ahogamientos con el esófago.

Resumen

Las vías respiratorias de una persona que se está ahogando pueden estar completa o parcialmente obstruidas. Una obstrucción completa es una situación de emergencia y una obstrucción parcial se puede convertir en una situación potencialmente mortal si la persona pierde la capacidad de inhalar y exhalar lo suficiente.

La señal universal de angustia por causa de ahogamiento es

tomarse la garganta con una o ambas manos.

NO se deben administrar los Primeros Auxilios si la persona está tosiendo vigorosamente y no es capaz de hablar, ya que una tos fuerte puede desalojar el objeto espontáneamente.

1. Pregúntale a la persona para verificar si es un atragantamiento o una tos fuerte y controlable:

"¿Se está ahogando?"

"¿Puede hablar?"

2. Envíe a alguien a llamar al número local de emergencias: 911.

CAPÍTULO 16

PRIMEROS AUXILIOS BÁSICOS DE EL COVID 19

En la actualidad es muy bien conocido el virus que produjo el Covid-19, y por ende conocemos muy bien los estragos que produjo esta pandemia. Todo lo que conocemos nos ha trastocado, pero no es razón suficiente para dejar de disfrutar la vida. Por esta razón te presento algunas recomendaciones que pueden ayudarte a sobrellevar de mejor manera esta enfermedad.

ANTECEDENTES

En diciembre del año 2019 el mundo empieza a escuchar graves noticias de un nuevo virus, desconocido para el planeta en ese momento, que estaba produciendo neumonía, originada en Wuhan, China. En enero de 2020 se identificó la nueva cepa de coronavirus. El 11 de marzo del mismo año la OMS la declaró pandemia. En la actualidad, todos los países del mundo se han visto afectados, las relaciones interpersonales, la familia, la economía del mundo y en general todo nuestro entorno ha sufrido un grave cambio.

¿QUÉ DEBO CONOCER?

Es importante que conozcamos que el coronavirus son virus que pueden producir enfermedades como la gripe común hasta la neumonía que puede ser causante de la muerte, la cepa del virus 2019-nCov proveniente de China era desconocida hasta el 2019. Esta cepa que produce el Covid-19 es una enfermedad infecto-contagiosa, que si no es tratada a tiempo es mortal.

¿CÓMO LA PUEDO TRATAR?

Debemos conocer muy bien los síntomas para que prevengamos contagios masivos y muertes innecesarias.

Síntomas

Síntomas similares a los de un resfriado

En su mayoría fiebre alta

Tos seca

Falta de aliento, cansancio

Dificultad para respirar

Pérdida del olfato y gusto (en su mayoría)

Dolores articulares

Falta de apetito

Estos síntomas se pueden presentar en su totalidad o solo alguno de ellos. Cada caso es diferentes, pero todos ellos pueden contagiar.

Debo mencionar que en algunos casos la víctima es asintomática, es decir, no presenta síntomas pero si contagia a los demás. Por eso se hace necesario tomar todas las medidas de precaución y bioseguridad que conocemos actualmente. Sobre esto te lo presento en el próximo punto.

Con todo esto, si podemos percibir uno o algunos de los síntomas, lo más prudente y aconsejable es aislar al paciente, separar todos los utensilios que utiliza normalmente, desinfectar cuidadosamente todo el lugar de vivienda, pero jamás aislarlo emocionalmente.

Según los expertos, la manera más apropiada para el cuidado del o los contagiados es:

1. Mantenerse activo

2. Cuidar nuestra salud mental

3. Dejar lo que perjudica nuestra salud

4. Alimentación saludable

1. Mantenerse activo

A pesar de la situación actual y del confinamiento intermitente que se ha tenido, es primordial que podamos realizar ejercicios todos los días. El sedentarismo perjudica gravemente nuestra salud. La actividad cotidiana permite que nuestros músculos estén activos, el corazón pueda trabajar en óptimas condiciones y nuestra mente esté lúcida, joven y optimista. El ejercicio ayuda al cuerpo y a la mente.

2. Cuidar nuestra salud mental

Debido a los cambios que se ha realizado a nivel mundial, el tele trabajo, estudiar on line, restricciones de visitas, distanciamiento social, corremos el peligro de caer en la depresión, por eso cuidémonos y cuidemos a todos los de nuestro entorno.

Por eso te recomiendo que tengas rutinas diarias: dormir y comer a la misma hora, el ejercicio a modo de juegos, leer mucho, no abusar de la tecnología, no abusar de alcohol, cigarro o sustancias prohibidas, pero sobre todo no mires todo el tiempo noticias, apóyate de información oficial, ayuda a alguien mas.

Todo esto te permitirá tener tranquilidad, y si apoyas tu vida en Dios (si eres creyente) por medio de la fe, podrás tener una mente más saludable.

También cuida de prestar todo el apoyo que necesita el enfermo. El aislamiento es solo para prevenir más contagios, pero no significa que la persona queda abandonada de su circulo familiar o de amistad.

Aunque no se pueda conversar en forma presencial, este es el momento de utilizar la tecnología en forma acertada. Debemos comunicarnos en forma muy seguida, darle palabras de ánimo, permitirle que descanse mucho y que sepa que todos lo aman y nunca va a estar solo.

3. Dejar lo que perjudica nuestra salud

En este punto te recomiendo que si tienes el hábito de fumar o beber alcohol, es tiempo de abandonarlo. Estas substancias químicas lo único que harán en tu cuerpo es dañarlo más, y

si no practicas los 2 puntos anteriores y el que a continuación sigue, muy probablemente estarás expuesto a cualquier clase de afectación pues tu sistema inmune está muy deteriorado.

Consulta con personas especializadas, actualmente hay mucha ayuda en línea, la mayoría es gratuita o también grupos de terapia que te pueden acompañar en esta nueva decisión que habrás tomado.

Debo decirte que no será fácil pero sí te aseguro que el resultado de tus decisiones te permitirán ser feliz y valioso.

4. Alimentación saludable

Otro aspecto muy importante es la alimentación, fundamental para que el sistema inmunológico se fortalezca y pueda realizar la batalla correspondiente. En cuanto a las porciones, depende del enfermo. En su mayoría no tienen apetito, pero si les servimos porciones pequeñas y variadas, va a comerlas sin tanto problema.

Debe ingerir líquidos. El agua se torna desagradable para el paciente, pero es fundamental que se hidrate continuamente, por eso podría recomendarte que al momento de servirla puedas colocar bastantes gotas de limón o naranja, sin azúcar. Esto hará que sea más agradable su consumo, y si se la puede servir caliente, resulta más efectiva.

Muchas personas que ya pasaron por esta etapa han podido verificar que ciertas infusiones les han servido de gran alivio y han paleado enormemente los síntomas.

Podríamos mencionar que la infusión de jengibre con limón, canela, ajo ha mejorado drásticamente al enfermo y no ha permitido que sea internado en un hospital. Esto no quiere decir que no debas tener supervisión médica.

Es importante que podamos contar con la ayuda de un galeno en forma privada, o como parte de la salud gubernamental.

Lo que te indico es que nuestro cuerpo necesita fortalecer nuestro sistema inmunológico como te mencionaba anteriormente y estudios médicos han podido comprobar la efectividad y beneficios de los productos anteriormente citados.

Alimentación. Las porciones deben ser menores, pero si es fundamental que sean variadas. Deben contener mucha fruta, verduras, legumbres, hortalizas, de preferencia que sean las que le agraden al enfermo.

Generalmente tomamos nuestros alimentos 3 veces al día, lo aconsejable sería aumentarlas a 5 porciones, de tal manera que no pierda su vitalidad ni fuerza y de esta forma se mantenga comunicado con todos, todo el día.

¿QUÉ PUEDO HACER PARA NO CONTAGIARME O EVITARLO A MI ENTORNO FAMILIAR?

En los momentos actuales la lógica y la prudencia son necesarias.

La vacunación está avanzado en casi todo el mundo, pero lamentablemente no quiere decir que estamos completamente protegidos, por eso te recomiendo estos sencillos pasos que si lo puedes seguir al igual que tu entorno, si los guías de manera adecuada.

- Respetar el distanciamiento social de mínimo 1 metro.

- Mantenerse alejado de los contagiados. Si es necesario atenderlos, llevar siempre bien puesta la mascarilla.

- Continuo lavado de manos, por lo menos durante 20 segundos, desinfección de todo lo que topamos.

- No llevarse las manos al rostro. Tampoco topar el rostro de los demás. Esto también puede evitar muchísimos casos de contagio por accidente involuntario.

- Practicar la higiene respiratoria, es decir, cuando tosas hacerlo con la boca tapada o cubrirse con la parte interna del codo.

- Quien procede a cocinar los alimentos, tener un lavado de manos continuo.

Si tenemos personas en nuestro entorno que se encuentren contagiadas, sería muy prudente desinfectar con sumo cuidado cada utensilio de uso personal y de cocina.

- No te confíes que esto ya pasó,

QUERIDO LECTOR

El disfrutar de la naturaleza debe ser una experiencia inolvidable de una manera positiva, por tal virtud debemos tomar en cuenta todas las medidas de seguridad que te he presentado en esta obra.

Nadie esta libre de cualquier percance, razón por la cual debemos saber cómo estar muy bien preparados para enfrentar con calma y cabeza muy fría.

Por esto es necesario que aprendas qué hacer en esos casos, ya que puedes salvar una vida. El correcto conocimiento y práctica de Primeros Auxilios puede hacer la diferencia entre la vida y la muerte.

El conocimiento está aquí, lo importante es saber cómo aplicarlo.

Deseo de todo corazón que estas cortas indicaciones te puedan ayudar sobremanera y, en la medida de tus posibilidades, compartas con todo tu entorno. Entre más personas estemos capacitadas, mayores accidentes serán minimizados y de igual manera, en menor cantidad se producirán muertes innecesarias.

BIBLIOGRAFÍA:

Imágenes bajadas gratuitas de Freepik.com.
Pixabay,
pexels.com.8623434
Experiencias y Testimonios del GMMA Mauricio Tipán.
Curso recibidos en:
Cruz Roja Ecuatoriana.
Gir . Grupo de Intervención y Rescate (Policía del Ecuador)
Cuerpo de Bomberos del Ecuador.
Defensa Civil (Gestión de Riesgos y Recursos).
Gea: Grupo Especial de Apoyo Ecuador.